BEI GRIN MACHT SICH IHR WISSEN BEZAHLT

- Wir veröffentlichen Ihre Hausarbeit,
  Bachelor- und Masterarbeit

- Ihr eigenes eBook und Buch -
  weltweit in allen wichtigen Shops

- Verdienen Sie an jedem Verkauf

Jetzt bei www.GRIN.com hochladen
und kostenlos publizieren

Bibliografische Information der Deutschen Nationalbibliothek:

Die Deutsche Bibliothek verzeichnet diese Publikation in der Deutschen National-bibliografie; detaillierte bibliografische Daten sind im Internet über http://dnb.d-nb.de/ abrufbar.

Impressum:

Copyright © 2016 GRIN Verlag
Druck und Bindung: Books on Demand GmbH, Norderstedt Germany
ISBN: 9783346166586

Dieses Buch bei GRIN:

https://www.grin.com/document/591196

Dominik Wolter

Verbesserung der Usability einer Software durch eine Simulationsphase vor der Markteinführung

GRIN Verlag

GRIN - Your knowledge has value

Der GRIN Verlag publiziert seit 1998 wissenschaftliche Arbeiten von Studenten, Hochschullehrern und anderen Akademikern als eBook und gedrucktes Buch. Die Verlagswebsite www.grin.com ist die ideale Plattform zur Veröffentlichung von Hausarbeiten, Abschlussarbeiten, wissenschaftlichen Aufsätzen, Dissertationen und Fachbüchern.

Besuchen Sie uns im Internet:

http://www.grin.com/

http://www.facebook.com/grincom

http://www.twitter.com/grin_com

Verbesserung der Usability von einer Software durch
Simulationsphase vor der Markteinführung

Inhaltsverzeichnis

1 Einleitung _____ 3

  1.1   Ausgangssituation _____ 3

  1.2   Ziel- und Aufgabenstellung _____ 3

  1.3   Aufbau der Arbeit _____ 3

2 Grundlagen _____ 4

  2.1   Usability _____ 4

  2.2   User-Experience _____ 5

3 Planung der Simulationsphase _____ 6

  3.1   Definition des Forschungsprojektes _____ 6

  3.2   Dimensionen der Usability _____ 6

     3.2.1   Effektivität _____ 7

     3.2.2   Effizienz _____ 7

     3.2.3   Zufriedenheit _____ 8

  3.3   Auswahlverfahren _____ 8

4 Durchführung der Simulationsphase _____ 8

  4.1   Aufbau der Testumgebung _____ 8

  4.2   Durchführung des Forschungsprojektes _____ 9

     4.2.1   Erhebung der Variablen _____ 9

     4.2.2   Abarbeitung der Aufgabenliste _____ 10

     4.2.3   Abschlussinterview _____ 10

5 Auswertung der Simulationsphase _____ 11

  5.1   Auswertung der Messergebnisse _____ 11

  5.2   Auswertung der Fragebögen und Interviews _____ 11

6 Zusammenfassung _____ 12

7 Literaturverzeichnis _____ 13

1 Einleitung

1.1 Ausgangssituation

Um heutzutage mit einer Software Erfolg zu haben, ist neben ihren Hauptfunktionen die Usability des Produktes ein entscheidender Erfolgsfaktor. Ein Software-Unternehmen steckt mitten in der Entwicklung einer neuen Software und möchte vor der Markteinführung eine Simulationsphase starten, um den Markterfolg des Produktes abschätzen und gegebenenfalls noch Änderungen hinsichtlich der Usability vornehmen zu können.

1.2 Ziel- und Aufgabenstellung

Das vorliegende Assignment „Verbesserung der Usability von einer Software durch Simulationsphase vor der Markteinführung" befasst sich damit, dass mit einigen Test-Anwendern ein Projekt gestartet werden soll, in welchem die Usability auf dem Prüfstand steht. Durch eine saubere Planung sollen die Definitionen und Dimensionen des Forschungsprojektes eingegrenzt werden, damit bei der Umsetzung und Auswertung die entsprechenden Parameter betrachtet und verglichen werden können. Als Ergebnis dieses Assignments soll eine schlüssige Planung, eine praktikable Durchführung und eine nachvollziehbare Auswertung erarbeitet werden.

1.3 Aufbau der Arbeit

Im ersten Kapitel wurden die Ausgangssituation und die Aufgabenstellung dargestellt. Das Kapitel zwei schafft mit der Definition der Usability die nötigen Grundlagen, um im dritten Kapitel die Planung des Forschungsprojektes zu beschreiben, ehe im vierten Kapitel die Durchführung der Simulationsphase im Vordergrund steht. In Kapitel fünf wird die Auswertung der erhobenen Daten thematisiert und im sechsten Kapitel wird das Assignment in den Kernpunkten zusammengefasst.

2 Grundlagen

Im zweiten Kapitel werden die nötigen Grundlagen und Begrifflichkeiten, die für die folgenden Kapitel essentiell sind, vermittelt. Dabei wird auf die Usability und die User-Experience eingegangen.

2.1 Usability

Usability kann im Allgemeinen als Gebrauchstauglichkeit bzw. Benutzbarkeit eines Systems übersetzt werden. Hierbei wird die Interaktion des Benutzers mit dem System näher betrachtet. Die Qualitätskriterien sind etwa die Anordnung von Bedienelementen, die Anzahl nötiger Klicks oder die Verständlichkeit der angezeigten Bezeichnungen und Dialoge.

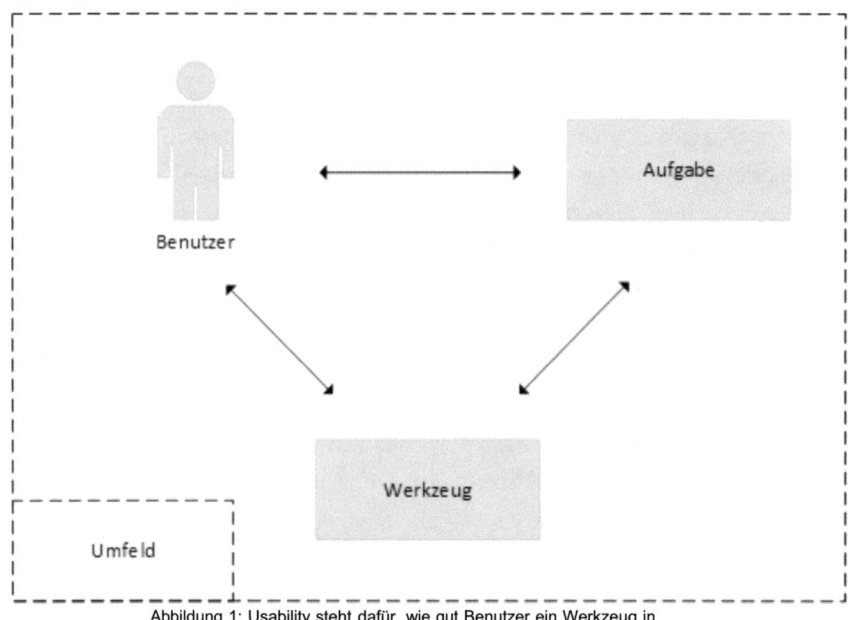

Abbildung 1: Usability steht dafür, wie gut Benutzer ein Werkzeug in ihrem Umfeld zur Bewältigung ihrer Aufgaben einsetzen können.

Eine Softwareanwendung weist eine hohe Usability auf, wenn sie von den vorgesehenen Benutzern einfach erlernt und effizient verwendet werden kann.[1]

---

[1] (Richter & Flückinger, 2013)

Die Tabelle 1 zeigt eine Auflistung der Grundsätze der Dialoggestaltung, wie sie auch im Teil 110 der DIN EN ISO 9241 beschrieben sind.

Kriterium	Beschreibung
Aufgabenangemessenheit	Das System unterstützt die Erledigung der Aufgaben und den Arbeitsablauf der Benutzer.
Selbstbeschreibungsfähigkeit	Das System erhält Erläuterungen und ist ausreichend selbstverständlich.
Steuerbarkeit	Der Benutzer kann den Dialogablauf beeinflussen.
Erwartungskonfirmität	Erwartungen, Eigenschaften und Gewohnheiten der Benutzer werden unterstützt.
Fehlertoleranz	Fehler erfordern keinen oder nur geringen Korrekturaufwand.
Individualisierbarkeit	Das System kann an die individuellen Bedürfnisse angepasst werden.
Lernförderlichkeit	Das System erfordert einen geringen Lernaufwand und unterstützt das Erlernen neuer Funktionen.

Tabelle 1: Grundsätze der Dialoggestaltung [2]

2.2 User-Experience

Während sich die Usability nur auf die eigentliche Nutzung der Software bezieht, betrachtet die User-Experience auch die Phasen vor und nach der eigentlichen Nutzung der Software. In Abbildung 2 wird der Unterschied zwischen Usability und User-Experience verdeutlicht.

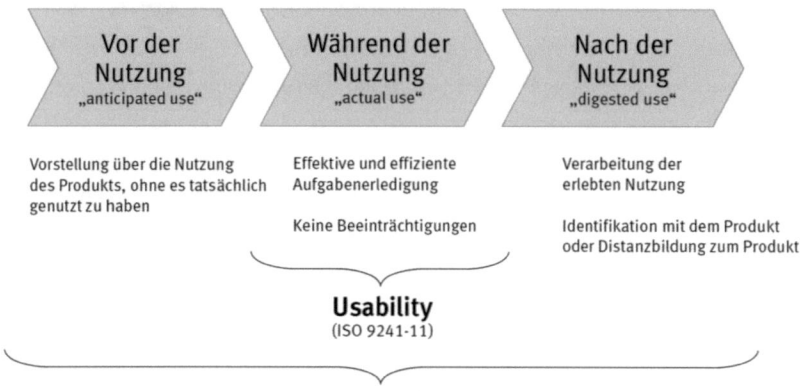

Abbildung 2: Usability vs. User-Experience[3]

---

[2] (Richter & Flückinger, 2013)

3 Planung der Simulationsphase

In diesem Kapitel geht es um die Konzeption und die Eingrenzung des Forschungsprojektes.

3.1 Definition des Forschungsprojektes

Die explorative Simulationsphase der neu entwickelten Software soll erste Erkenntnisse hervorbringen, um zum einen den Markterfolg des Produktes abschätzen und zum anderen noch mögliche Defizite in der Usability erkennen zu können. Das Forschungsprojekt kann als explorativ bezeichnet werden, da nur unternehmensinterne Tests gemacht wurden, von Anwendersicht aber nur wenige bzw. keine Erkenntnisse vorhanden sind.

Durch einen deskriptiven Forschungsansatz, der vorwiegend zur Markt-, Konsum- und Verhaltensforschung[4] verwendet wird, sollen die nötigen Informationen beschafft und durch eine statische Betrachtungsweise zum definierten Zeitpunkt und aktuellen Programmstand beim Simulationstest analysiert werden. Hierzu wird eine vergleichend-statische Analyse, eine sogenannte Querschnittsuntersuchung, durchgeführt.

Die Daten des Forschungsprojektes werden mit Hilfe mathematisch-statistischer Methoden analysiert, wobei die Messergebnisse mit vorher definierten Zielen bzw. alternativen Produkten verglichen werden. Dies wird vor allem beim quantitativen Untersuchungstypen untersucht. Dabei kann die Usability, aber auch die User-Experience gemessen werden. Beim qualitativen Untersuchungstypen wird auf der Grundlage einer guten Kommunikation mit der Testperson ein Vertrauensverhältnis aufgebaut, um Auffälligkeiten oder Verbesserungsvorschläge erheben zu können.

3.2 Dimensionen der Usability

Um die Usability in unterschiedliche Dimensionen unterteilen zu können, wird zuerst eine Definition des Begriffes benötigt. Wie in Kapitel 2.1 definiert, wird die Usability als Gebrauchstauglichkeit bzw. Benutzbarkeit eines Systems sinngemäß übersetzt. Diese Definition lässt sich laut der Norm DIN EN ISO 9241-11 „Anforderungen an die Gebrauchstauglichkeit" in folgende Dimensionen unterteilen:

---

[3] (Johner Institut, 2016)
[4] (Rechnungswesen verstehen, 2016)

- Effektivität der Lösung einer Aufgabe
- Effizienz der Handhabung des Systems
- Zufriedenheit der Nutzer einer Software

3.2.1 Effektivität

Unter Effektivität versteht man das Erreichen des Zieles, also die Aufgaben mit der entwickelten Software in möglichst wenigen Schritten und ohne unnötige Tätigkeiten zu lösen. Hierbei kann gemessen werden, wie viel Prozent einer Aufgabe gelöst wurde bzw. wie hoch der Anteil der Restaufgabe, die nicht gelöst wurde, ist. Mittels „Task Success" kann die Effektivität gemessen werden. Die einfachste Möglichkeit ist es den „Binary Success" zu messen. Die Eins steht dabei für Erfolg, die Null für Misserfolg. Daraus lässt sich folgende Formel pro Benutzer berechnen:

$$\text{Effektivität} = \frac{\text{Anzahl erfüllter Aufgaben}}{\text{Anzahl aller Aufgaben}}$$

Eine ähnliche Herangehensweise bietet der „Level Success". Dabei kann der Teilerfolg in mehrere Levels unterteilt werden. Eine zur Hälfte erfüllte Aufgabe würde beispielsweise mit einer 0,5 abgeschlossen werden. Somit würde sich folgende Formel für die Effektivität ergeben:[5]

$$\text{Effektivität} = \frac{\Sigma \text{ Anteile erfüllter Aufgaben}}{\text{Anzahl der Aufgaben}}$$

3.2.2 Effizienz

Unter Effizienz ist zu verstehen, wie viel Zeit man zum Lösen einzelner Aufgaben braucht oder wie viele Aufgaben in einer bestimmten Zeit erledigt werden konnten. Hierzu lässt sich folgende Formel ableiten:

$$\text{Effizienz} = \frac{\text{Effektivität}}{\text{Zeit}}$$

---

[5] (William & Tullis, 2013)

3.2.3 Zufriedenheit

Für die Zufriedenheit des Nutzers mit dem System kann man keine direkte Formel aufstellen. Diese gilt es in einem Fragebogen oder Interview auszuwerten. Wichtig ist dabei nicht nur eine Bewertung, sondern auch Gründe und Verbesserungspotenziale zu erhalten.

3.3 Auswahlverfahren

Das Auswahlverfahren der Testpersonen stellt einen wichtigen Punkt der Vorbereitung dar. Die Personen sollten spätere potenzielle Nutzer der Software sein, da nur so inhaltliche Probleme des Produktes erkannt werden können. Des Weiteren sollen die Tester repräsentativ für alle potenziellen Nutzer sein, also das Persönlichkeitsprofil, die Soziodemografie und das Nutzerverhalten[6] der Gesamtheit abbilden. Da es sich um eine umfassende Qualitätskontrolle handelt, sind mehr als zehn Testpersonen empfehlenswert.

4 Durchführung der Simulationsphase

In diesem Kapitel werden die nötigen Schritte für die Durchführung der Simulationsphase erläutert und beschrieben.

4.1 Aufbau der Testumgebung

Die Testumgebung sollte, wie in Abbildung 3 dargestellt, sowohl eine verdeckte, als auch eine offene Beobachtung zulassen. Im ersten Raum, einem Testraum, befinden sich der Teilnehmer mit einem Beobachter, der sich bei Fragen oder benötigter Unterstützung einschalten kann. In einem zweiten Raum, dem Beobachtungsraum, befinden sich weitere Beobachter, die nicht eingreifen, sondern nur die Testphase von außen betrachten. Hierbei handelt es sich um Fernbeobachtungen, welche in einer künstlichen Umgebung durchgeführt werden.

---

[6] (Heinsen, 2003)

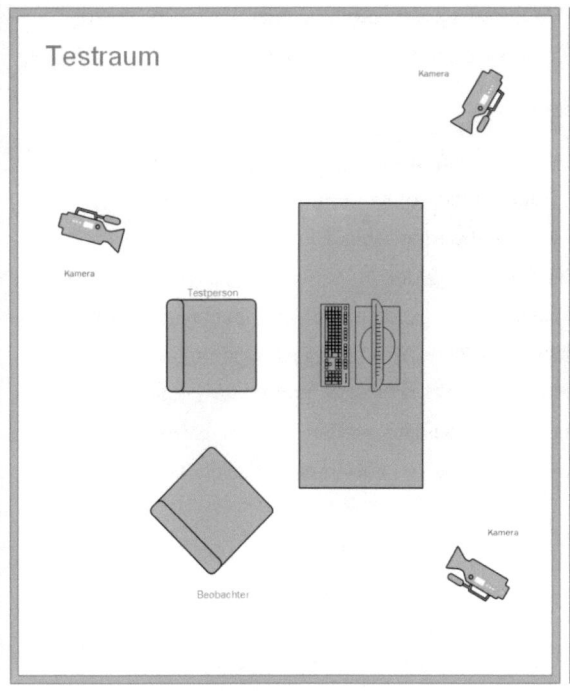
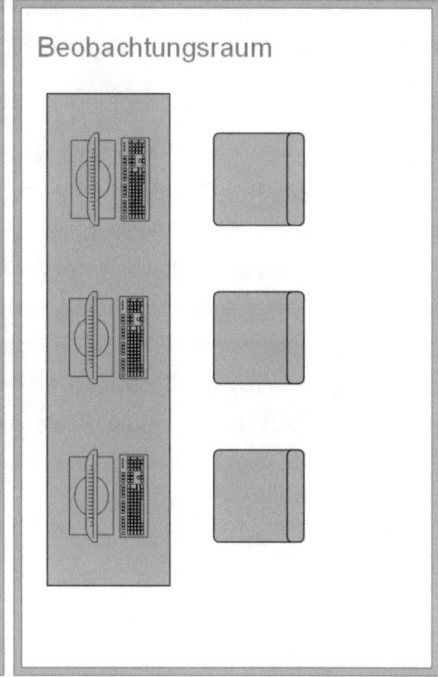

Abbildung 3: Skizzierter Aufbau eines Test- und Beobachtungsraumes[7]

4.2 Durchführung des Forschungsprojektes
4.2.1 Erhebung der Variablen

Den ausgewählten Testpersonen wird ein Fragebogen zum Ausfüllen gegeben, in dem einfache Fragen zur Person beantwortet werden sollen. Das dient zum einen dazu die Testperson mit der Umgebung vertraut zu machen und die Aufregung zu nehmen und zum anderen werden hierbei wichtige Daten erhoben. Das **Alter** beispielsweise steht meist im Zusammenhang mit der Internetnutzung oder dem Umgang mit Technik. Ebenfalls sind die Zusammenhänge der Testergebnisse mit dem **Geschlecht**, ob es hier signifikante Unterschiede gibt, zu überprüfen. Ein interessanter Aspekt sind außerdem die **PC-Kenntnisse** bzw. die Häufigkeit der **PC-Nutzung** der verschiedenen Testpersonen. Diese Vorkenntnisse sollen Aufschluss darüber geben, ob das Programm leicht zu erlernen ist und ob es für alle potenziellen

---

[7] Eigene Grafik

Nutzer geeignet ist. Um auch einen Vergleich mit anderen Systemen zu haben, kann man später im Interview den Vergleich zu **ähnlichen Softwares** ziehen.

4.2.2 Abarbeitung der Aufgabenliste

Nach dem ersten Fragebogen wird die Testperson an das neu entwickelte System herangeführt. Der Beobachter im Raum stellt, ohne vorher das Programm zu erklären, die erste Aufgabe seines standardisierten Ablaufplanes. Die Komplexität der Aufgaben steigert sich stetig. Bei der Lösung der Aufgaben soll die Testperson ihre Gedanken und Eindrücke laut aussprechen, sodass man die Gedankengänge hinter den einzelnen Tätigkeiten aufzeichnen kann. Falls die Testperson nicht weiter kommt, muss der Beobachter im Raum mit kleinen Hilfestellungen zur Lösung der Aufgabe beitragen, jedoch nicht die Lösung selbst verraten. Zudem ist es seine Aufgabe die Testperson fortlaufend zu motivieren, um repräsentative Werte zu erhalten.

Die Personen im Beobachtungsraum messen hingegen die Zeit für die einzelnen Arbeitsschritte, welche Klicks betätigt wurden und zu welchem Grad die Aufgabe gelöst wurde. Nach jeder Aufgabe wird ein kurzes Interview geführt. Der Benutzer wird nach seinen Empfindungen zur Usability befragt und welche Auffälligkeiten oder Verbesserungswünsche bemerkt wurden. Dieser Ablauf wird für alle Aufgaben des Ablaufplanes wiederholt.

4.2.3 Abschlussinterview

Beim abschließenden Interview werden die gewonnenen Eindrücke noch einmal aufgearbeitet. Zuerst wird in einer gelockerten Atmosphäre über den Testtag und das Gesamtbild der Software gesprochen. Danach wird im Einzelinterview ein zuvor erstellter Fragebogen abgearbeitet. Dieser ist standardisiert, um vergleichbare Werte zu erhalten. Die Testpersonen werden somit nicht durch beispielsweise suggerierte Antworten beeinflusst. In diesem Interview werden Bewertungen zur Usability erfasst. Verbesserungsvorschläge, Änderungen oder Erweiterungswünsche werden ebenfalls erhoben. Testpersonen, die bereits eine ähnliche Software benutzt haben, werden nach einem Vergleich mit dem Alternativprodukt befragt. So kann die Usability anhand subjektiver Meinungen der Nutzer analysiert werden.

5 Auswertung der Simulationsphase

Nach den erfolgreich absolvierten Usability-Tests werden die Ergebnisse anhand der erhobenen Daten ausgewertet.

5.1 Auswertung der Messergebnisse

Die gesammelten Daten liegen momentan noch in Rohform vor und müssen nach Relevanz sortiert werden. Nur die Daten, die zum Erreichen der Forschungsziele nützlich sind, werden benötigt. Dabei geht es um die Messwerte der Effektivität und Effizienz, die in Kapitel 3.2 beschrieben wurden. Aber auch die Daten aus den Beobachtungen, die während des Tests aufgefallen sind, wie z.b. Reihenfolge der Klicks oder Schwierigkeiten bei der Aufgabenlösung, müssen ausgewertet werden. Es empfiehlt sich die Daten in einer Tabelle aufzubereiten, um eine gute visuelle Darstellung der Messergebnisse zu bekommen und diese vergleichen zu können. Diese Tabelle kann außerdem durch unterschiedliche Diagramme oder Grafiken visualisiert werden, um Auffälligkeiten und Abweichungen sichtbar zu machen.

5.2 Auswertung der Fragebögen und Interviews

Eine hohe Anzahl an Daten wurde aus den Fragebögen und Interwies erhoben. Diese gilt es zu filtern, um die relevanten Kernaussagen zur Usability bzw. User-Experience zu bekommen. Das Interview nach jeder Aufgabe ist essentiell, um die richtigen Schlüsse im Hinblick auf das Forschungsziel zu bekommen.

Zudem wird überprüft, ob die in Kapitel 4.2.1 definierten Variablen in einem Zusammenhang zur Usability stehen. Um dies herauszufinden, werden Strukturen-prüfende Verfahren angewendet, wodurch kausale Zusammenhänge zwischen den Variablen und der Usability validiert werden können. Strukturen-entdeckende Verfahren werden ebenfalls eingesetzt, um neue, noch unbekannte Zusammenhänge der Usability ermitteln zu können.

6 Zusammenfassung

Eine gute Usability und User-Experience sind sehr wichtig für den Erfolg am Markt. Ohne diese Eigenschaft wird die Software nicht praxistauglich sein. Um Aussagen über die Usability einer neu entwickelten Software vor Markteinführung treffen zu können, muss ein Forschungsprojekt konzipiert und umgesetzt werden. Die Definition und Abgrenzung der Simulationsphase sowie die Unterteilung der Dimensionen in Effektivität, Effizienz und Zufriedenheit des Nutzers nach der DIN EN ISO 9241 sind ein wichtiger Grundstein für das weitere Vorgehen. Eine erfolgreiche Simulationsphase hängt stark von den Testpersonen ab. Das Auswahlverfahren stellt deshalb eine große Herausforderung dar, denn sie soll die Gesamtheit der Nutzer repräsentieren.

Bei der Durchführung ist auf einen strukturierten Aufbau und Ablauf zu achten, damit solide Testergebnisse erhoben werden können. In der Testumgebung betreut ein direkter Beobachter die Testperson, während mehrere Personen in einem Beobachtungsraum die Simulationsphase verdeckt überwachen. Die zu lösenden Aufgaben sind für alle Testpersonen identisch und werden nach Effektivität und Effizienz ausgewertet. Die Zufriedenheit wird nach jeder Aufgabe durch ein kurzes Interview bzw. schon während der Bearbeitung erfasst.

Die Auswertung der erhaltenen Rohdaten erfolgt über eine Strukturierung und Aufbereitung in Form von Tabellen und Grafiken. Außerdem werden Strukturen-entdeckende und Strukturen-prüfende Verfahren verwendet, um die richtigen Schlüsse aus dem Forschungsprojekt ziehen zu können.

7 Literaturverzeichnis

Heinsen, S. (2003). *Usability praktisch umsetzen: Handbuch für Software, Web, Mobile Devices und andere interaktive Produkte.* München: Carl Hanser Verlag GmbH & Co. KG.

Hermenau, A. (kein Datum). *Ein Forschungsprojekt planen.* AKAD Bildungsgesellschaft GmbH.

Johner Institut. (05. März 2016). *User Experience versus Usability.* Von https://www.johner-institut.de/blog/wp-content/uploads/2015/07/User-Experience-versus-Usability.png abgerufen

Rechnungswesen verstehen. (05. März 2016). Von http://www.rechnungswesen-verstehen.de/bwl-vwl/marketing/deskriptive-forschung.php abgerufen

Richter, M., & Flückinger, M. D. (2013). *Usability Engineering kompakt: Benutzbare Produkte gezielt entwickeln.* Springer-Verlag.

William, A., & Tullis, T. (2013). *Measuring the user experience: collecting, analyzing, and presenting usability metrics.* Newnes.